AMAR

...colma de gozo

REINALDO RODRÍGUEZ ANZOLA

AMAR …colma de gozo!

©Reinaldo Rodríguez Anzola

2018

ISBN: 9781790110124

rey253@hotmail.com
@RodriguezAnzola
@SobrelaVida
reinaldorodriguez@facebook.com
reinaldorodríguez.blogspot.com

ÍNDICE

A

**Adrián Antonio
Rodríguez Campos**

Epígrafe

"Si queremos un mundo de paz y de justicia hay que poner decididamente la inteligencia al servicio del amor".

Antoine de Saint-Exupéry

"Lo que una vez disfrutamos, nunca lo perdemos. Todo lo que amamos profundamente se convierte en parte de nosotros mismos".

Helen Keller

María Ramírez Ribes le preguntó a Rafael Cadenas: ¿Crees que el amor está desprestigiado en nuestra época? Su respuesta: Tú sabes que no soy muy dado a usar esa palabra porque se ha abusado mucho de ella, lo cual ha traído su desvalorización. Se suele emplear con tanta ligereza, sin precisar su significado, que cada vez se vuelve más nebulosa, y lo mismo ocurre con otras palabras. Yo invitaría a quienes la traen siempre en la boca a que se inspeccionen bien, pues es fácil caer en el autoengaño. Me parece que los seres humanos no poseen la capacidad amorosa que creen o desearían tener; está limitada por el propio interés. Hay pues que contentarse con que en ellos haya consideración, respeto y afecto hacia el prójimo. Ya esto es bastante y sirve de contrapeso al odio. Son raros los que se entregan. Tal vez sería más sano, en vez de hablar mucho de amor, observar la violencia de que somos capaces. Ciñéndome a tu pregunta, creo que el amor no puede sufrir desprestigio porque está más allá de nuestras calificaciones, pero la palabra amor sí, de tan traída y llevada sin hondura.

Rafael Cadenas

1

Admirar el milagro
de la vida
colma de gozo.

2

Amar es vivir,
¿lo ves?

3

La vida es gozo porque hay
amor en la actividad del
cosmos.

4

Dichosos los que aman, su
felicidad no tendrá fin.

5

Hay amor cuando Lo-Que-
Es se hace presente.

6

Amar es vivir a plenitud.

7

Para el goce de vivir no es
necesario pensar, basta
amar.

8

Con amor, el misterio de la
vida y nuestra arrogancia al
creer saber, dan risa.

9

Comprende que se ama
sin saber por qué.

10

Amar es una experiencia
espiritual.

11

Somos eternos, pero
lo olvidamos.

12

Donde hay dualidad
no hay amor.

13

A pesar de vivir,
somos eternos.

14

Amar está más allá de la
mente, está en lo-que-es y
no en el pensamiento.

15

Amar es el camino
y no la meta.

16

Amar es paz interior,
es acción, es vivir,
es felicidad.

17

Vida plena
es amar.

18

El amor está más allá
de la satisfacción
de necesidades.

19

El amor emana de aceptar
lo-que-es
con sus enigmas.

20

Por ser inherente a la vida,
amar no es un pensamiento.

21

Amar es vivir la conciencia
del milagro que somos.

22

Hay amor cuando
la persona no está.

23

Presencia despierta
es amor.

24

Amar siempre es presente.

25

En vez de pensar en cómo conseguir amor, empieza a ofrecerlo. Si das, recibes. Osho

26

Amas sin ninguna razón.

27

El amor no es del pensamiento.

28

Amar no es contrario a la ignorancia, al dolor o tristeza, sí lo es a la mentira.

29

Siendo el amor inmanente a la vida, amar es inminente.

30

Amar es decir sí a la vida.

31

En la conciencia presente
está el amor.

32

Si hay amor
hay felicidad.

33

Amar es un hecho, no un pensamiento.

34

Fluir con la vida
es amor.

35

La vida plena surge
del amor.

36

¿Amas? No hay otra
oportunidad.

37

Amar es alegría sin causa.

38

El amor es consustancial
con el animal que somos.

39

Sin la persona queda el
inefable gozo del amor.

40

El amor acepta la vida
con sus horrores.

41

La angustia de vivir es parte
de nuestra naturaleza,
recuerda Nietzsche.

42

Morir cada día a lo viejo y a lo conocido, es amar.

43

Vivir es la más ilustre de las ocupaciones, señala

Montaigne.

44

Se vive en el amor, pero el pensamiento del animal que somos obstaculiza verlo.

45

Goethe sugiere:
"No te olvides de vivir".

46

"No olvidarse de vivir es no
olvidarse de la diaria tarea",
agrega Montaigne.

47

El amor y lo espiritual se
viven, sin explicaciones.

48

Amando se vive con risa
y juego.

49

...en busca de respuesta a lo
principal, al hecho de vivir,
aunque como buen
agnóstico, sé que no la hay.
Rafael Cadenas

50

Si no amas a los seres
humanos concretos, reales,
todo tu amor por los árboles
y los pájaros es falso, pura
habladuría.
Osho

51

Amar es demasiado milagro
y demasiada sorpresa.

52

Amar es decir, con los
epicúreos: he tenido todo el
placer que podía esperar.

53

El amor y lo espiritual
se unen.

54

La vida es una aventura
amorosa.

55

No hay más que una única
aventura, la de la vida.
François Cheng

56

Dice Schiller: Placer, gozo,
comunión con las cosas,
esto es lo único real, y todo
lo que produce realidad.

57

Amar es siempre aquí
y ahora.

58

La persona nunca vive
en el presente, lo único
que existe.

59

Si todo es enigma,
corresponde amar, jugar,
gozar y reír del extraño
misterio de la vida.

60

Al decir sí ocurre la epifanía
del amor.

61

El amor está aquí y ahora,
y siempre está en ti.

62

Primero es el amor y el
pensamiento a veces lo
sigue.

63

El amor convive con las incertidumbres, penas, horrores y crueldades de la vida.

64

Lo efímero de la vida induce a amar.

65

Amar es: demasiadas sensaciones, demasiados sentimientos.

66

Todo indica que para amar
basta con ser.

67

La vida es amor y amar
es la aventura de vivir.

68

Amar colma de gozo, si lo
dudas mira a un niño.

69

Quien ama fluye con la vida
y se hace uno con ella.

70

Vivir el presente es pasar
todo el tiempo en calma,
recuerda Marco Aurelio.

71

Desde el amor
toda idea sobra.

72

Amar y nada más.

73

El amor es la compensación
de la muerte.
Schopenhauer

74

En el amor los deseos son
secundarios.

75

Para que tu amor sea auténtico y real tiene que haber un crecimiento interno.
Osho

76

La risa es un gran don que alivia de la oscuridad.
Rafael Cadenas

77

Amar es este instante.

78

El amor es eterno.

79

Amar es inefable.

80

En la totalidad de la vida
está el amor.

81

El amor está
en la cotidianidad.

82

La felicidad y el amor
danzan juntos.

83

Amar es aceptar la vida
con sus penas, misterios
e incertidumbres.

84

Para Goethe vivir es estar vivo y actuar en el presente.

85

El amor es el "derrumbamiento de todas las barreras de individualización".
Cioran

86

El amor no admite definiciones.

87

Estar presente
es amar.

88

Más allá de la mente
hay amor y gozo.

89

El amor es un don
consustancial a la
naturaleza, es la vida
misma.

90

¿Acaso el amor no es a la vez, paradójicamente, lo universal y lo singular por excelencia?
Cioran

91

Amar en un eterno presente aunque, como Cioran, se tenga una concepción sombría de la vida.

92

Nada impide amar ahora.

93

Amar es presencia, y nunca
pasado o futuro.

94

Amar es demasiado:
parece obra de Dios
y del diablo.

95

"Amo a un ser, pero como
éste es el símbolo del todo,
participo de la esencia del
todo de manera ingenua e
inconsciente."
Cioran

96

Se ama ahora o nunca.

97

El amor es infinito.

98

Gozar es amar.

99

Amamos conscientemente.

100

"El amor verdadero es una cumbre que la sexualidad no menoscaba."
Cioran

101

Amar es presencia sin fin.

102

Amar es la mejor guía para
vivir.

103

¿Existe algún momento en
que amar no sea ahora?

104

El amor es demasiado libre
y total para ser entendido.

105

En la transfiguración carnal, la persona amada se identifica con nosotros hasta producirnos la ilusión de la espiritualidad.
Cioran

106

No se puede concebir un amor sin sexualidad.
Cioran

107

Amar a otro es sólo un punto de vista subjetivo porque objetivamente el amor es indivisible.

108

Quien ama goza la
cotidiana existencia.

109

Cuando ves lo inefable del
amor hay asombro.

110

Sin conocerlo,
el amor se vive.

111

No conoces qué es el amor,
¡deja que te abrace!

112

Obligar a amar es un
absurdo evidente. "No se
puede imponer el gusto
porque es él quien manda."
Cioran

113

Merece la pena vivir, el
amor lo demuestra.

114

Hay belleza en el amor.

115

En el amor surge la sensación de disolución, la carne tiembla y deja de ser resistencia y obstáculo para abrazarse a un fuego interior, para fundirse y perderse.

Cioran

116

Existe el amor y no la persona que ama.

117

El amor es de humanos,
pero una rosa trasmite amor
y algo más.

118

El amor tiene una alegría
intrínseca, sin causa,

119

Amar es vivenciar el milagro
de la existencia.

120

Amar no depende de nada
externo.

121

Amar y ser es lo mismo.

122

El amor está más allá
de los conceptos.

123

Amar es expresión de algo trascendente.

124

Asombra lo que el amor provoca.

125

¿Átomos y amor serán lo mismo?

126

Amar es la presencia que trasciende al pasado y al futuro.

127

Al trascender todo concepto, el amor se hace presente.

128

Lo bello de amar señala el valor de vivir.

129

Todo lo que da gozo es bueno, decía Baruch Espinoza, entonces, amar es bueno.

130

Si el amor te quita libertad, entonces no es amor.
Osho

131

Sustituimos amor con ideas.

132

Amar es la verdad que se
vive.

133

Amamos sin saber qué es.

134

En la cotidianidad está el
amor.

135

Amar es inefable, lo que digas es seguirle el juego al pensamiento.

136

La conciencia despierta: ama

137

Nadie ama, el amor sucede.

138

El amor está en ti
cuando todo es milagro.

139

Nace y muere la ilusión de
amar, no el verdadero amor.

140

El amor no lastima a nadie.

Osho

141

El amor como Dios es
desconocido.
¿Serán lo mismo?

142

El amor es la plenitud
de la vida, y algunos lo
llaman Dios.

143

Cuando hay ego
no hay amor.

144

Quien ama no piensa
en el amor.

145

Nadie sabe lo que es el
amor, pero se vivencia.

146

El opuesto del amor es el
miedo.
Osho

147

Como quiera que sea la vida
es buena, dice Lineo.

148

Entrégate al amor, deja
que suceda.

149

El amor necesita
un entorno
de amor.
Osho

150

El amor deviene,
no intentes retenerlo.

151

El amor es consustancial a
la naturaleza, es la vida
misma.

152

Amar es epifanía.

153

Amar es algo o nada,
pero amamos.

154

Amar es un hecho
evidente.

155

El amor es sagrado,
¿hay algo que no lo sea?

156

La llamada de seguirlo, que hizo Jesús, debe entenderse como la necesidad de trascender el yo, por ser la única forma de reunirse con amor.

157

El lenguaje debe haber surgido a través de la intimidad del amor.

158

El amor es mágico.

159

Una mente tranquila ama.

160

Quien teme morir no ama.

161

En el silencio hay amor.

162

Si viviéramos con amor, ¿le
temeríamos a la muerte?

163

Amar es un milagro.

164

No hables del amor;
¡siéntelo!

165

Amar es una experiencia
mística.

166

La nada nos cura de todas
las ilusiones, y es la vía que
nos abre las puertas del
amor. Es el camino a la
liberación.

J.R. Guillent Pérez

167

Para Osho, la meditación es
una relación viva con el total
de la existencia que te
rodea. Si puedes amar
cualquier situación, estás en
un estado de meditación.

168

Las palabras son útiles,
pero no para amar.

169

Para amar hay que
trascender el pensamiento.

170

Si se hace el amor,
realmente, no interviene el
pensamiento.

171

Sin pensar se ama y se hacer
el amor.

172

La poesía como el amor,
acaece.
Jesús Enrique Barrios

173

Mientras el ego no está
soy sólo amor.

174

La vida es una aventura
amorosa, sin amantes.

175

Al vivir amamos,
no podemos impedirlo.

176

Amar es expresión
de la vida.

177

La vida se manifiesta como
amor, otro misterio.

178

¿Qué es el amor?
No lo sabemos,
pero lo vivimos.

179

Algunos hablan del amor,
otros aman.

180

Algunos creen que hablar del amor es más importante que sentirlo.

181

Amar va más allá de lo humano.

182

Existe el amor y no un yo que ama.

183

El amor es sin tiempo.

184

Amar no es la palabra ni
el pensamiento.

185

Amor y ego
nunca van juntos.

186

El animal que somos nace
sin yo, pero con amor.

187

La verdad del amor no está
en las palabras.

188

Si al inicio no había
lenguaje, la palabra no
puede ser la esencia del
amor.

189

Para convertirnos en lo que
somos es indispensable
amar.

190

Somos amor y el ego no
lo es.

191

Las palabras ocultan al
amor.

192

Mientras haya identificación
con las ideas no hay amor.

193

Se confunde el amor con
conceptos.

194

El pensamiento crea
ilusiones, no crea amor.

195

El animal que somos no
viviría sin amor.

196

Hablar del amor es recordar
nuestro origen.

197

El pensamiento separa: un
objeto-cognoscente cree
conocer a otro objeto-
conocido, y de allí la ilusión
de un yo que ama.

198

El amor vive en un perenne presente, pero la persona sólo vive en pasado o futuro.

199

La persona no define al amor.

200

La verdad es amor.

201

El pensamiento no tiene acceso al amor.

202

El amor y la vida están entrelazados y el amor está en nosotros.

203

A pesar de no tener yo, los animales aman ¿por qué empeñarse en crear un sujeto para el amor que somos?

204

En nosotros se va
desarrollando un amor
limitado que viene del amor
universal.

205

Sólo el animal que somos
habla de amor, pero el amor
está en la vida.

206

Somos amor, lo sepamos
o no.

207

El animal que somos está
hecho para amar.

208

Mientras el humano no viva
el amor que hay en él, está
en peligro.

209

El amor es pasión.

210

Se ama sin juzgar, ni condenar.

211

La vivencia del amor es la culminación de toda búsqueda.

212

Hay que admitir que el universo vivo es bello. Esta belleza parece hacernos una señal para decirnos que el universo es deseable y significante.

François Cheng

213

Para amar
merece la pena vivir.

214

Amor y maldad hacen la
condición humana.

215

El amor es una verdad
evidente.

216

La vida es amor, deja que
te inunde.

217

Para desarrollar nuestras
potencialidades se requiere
la convivencia en el amor.

218

Disfruta el amor del
universo.

219

El amor es la compensación
de la muerte. Schopenhauer

220

Si el amor está en la vida y
tú eres vida, el amor está en
ti.

221

Jesús enseñó a amar a los
demás como a uno mismo.

222

El amor de Jesús, para la mística, es la entrega de nuestra vida al Ser, a la totalidad, que para él era el Padre.

223

Cuando el ego no está la vida es más amor.

224

Yo soy es presencia y presencia es amor.

225

La emoción es lo que guía lo humano, y la emoción fundamental es el amor que permite la convivencia.

226

Amar es la emoción que permite estar con el otro.

227

Nos hacemos humanos en el lenguaje, el lenguaje surge en la convivencia y es el amor lo que permite la convivencia.

228

Recuerda Comte-Sponville
que todo amor es alegría o
goce.

229

Sin el amor, ningún gozo
adquiere su sentido pleno.
François Cheng

230

Amar: "Cada instante de
cada día / Y cada día de
toda una vida"

François Cheng

231

Con el amor la muerte cambia de naturaleza y de dimensión: se convierte en la apertura a través de la cual pasa el infinito soplo de la transfiguración.
François Cheng

232

La poesía como el amor, acaece.
Jesús Enrique Barrios

233

Mientras el río corra, / los montes hagan sombra / y en el cielo haya estrellas, debe durar la memoria / del beneficio recibido.
Virgilio

234

Yo no te digo que el amor no haga daño; lo que te digo es que estoy resuelto a amar mientras viva, a amar siempre, siempre, siempre.
Amado Nervo

235

Lo más maravilloso y asombroso es, simplemente, la conciencia de existir, teniendo presente el inconmensurable misterio del amor.

236

El ego impide amar.

237

Sin identificarse con el
ego la vida es amor.

238

Al trascender el ego surge
la experiencia inefable
del amor.

239

Amar es vivir en el presente,
en cada instante.

Amar es la realización
personal y el contacto
con lo infinito.

Nunca dejes de amar,
porque habrás perdido lo
más valioso de tu existencia
y el real sentido de tu
felicidad completa.
A. Sherat

No tenemos derecho de ser
amados sin amar.

243

Amor es encontrar / en la felicidad del otro / la propia felicidad.
Leibniz

244

He descubierto que, si amas la vida, la vida te amará.
A. Rubinstein

245

El amor sólo da de sí mismo / y nada recibe sino de sí mismo. / El amor no posee y no se deja poseer / porque se basta a sí mismo.
J. Gibrán

246

Alegría y amor son las alas
de las grandes empresas.
Goethe

247

Trata de amar al prójimo,
ya me dirás el resultado.
Sartre

248

Amarse a sí mismo es el
comienzo de una aventura
que dura toda la vida.
Wilde

249

Felicidad es amar
lo que uno hace,
así como hacer lo que uno ama.
L. J. Peter

250

No hay mayor don
que amar y ser amado.

251

"Quien soy" de Ramana, "yo soy
eso" de Maharaj, "no hay
hacedor" de Balsekar, "ser uno
con el mundo" de Einstein, "la
alegría de ser" de Osho y el
"observador es lo observado" de
Krishnamurti, tienen un mismo
fundamento: el amor.

252

Somos vida, y la vida es
eterna, está más allá del
espacio-tiempo, es el Ser
que otros llaman Dios,
Conciencia, Inteligencia
Universal, el Uno, el Tao,
Lo inconmensurable,
Lo absoluto o Amor.

253

El amor existe,
el que no existe eres tú.

254

Despierta y comenzarás a
amar.

255

Todo indica que la totalidad de la vida, que comprende la realización personal o iluminación, la sabiduría, la felicidad y el amor, está en el Ser.

256

¿Has experimentado, hecho, pensado o sentido algo fuera del momento presente?, pregunta Eckhart Tolle

257

¿Existe algo que no suceda en el momento presente? Jeff Foster

258

El amor siempre está presente, pero se requiere estar muy atento para que se dé la epifanía de verlo.

259

¿Cómo vas a amar a los demás si no te amas a ti mismo?
Maickel Melamed

260

Al inicio los sueños son más libres, al final todo se estrecha.

261

Ser y amar es más importante que nacer y morir.

262

Vivir es amor. Demasiado amor y demasiadas emociones.

263

Sin el pensamiento queda la vida y el amor.

264

Queremos y amamos lo que quiere el curso de la naturaleza: depende de factores innatos y experiencias.

265

La vida, al igual que el amor, es demasiado contradictoria y paradójica.

266

La realización personal, la iluminación, despertar y amar, pasan por ver que el ser y la realidad son la misma cosa, es vivir la emblemática frase: el observador es lo observado.

267

Es imprescindible tomar conciencia de la inutilidad de buscar el amor en las palabras porque el pensamiento surge dentro de los parámetros del espacio-tiempo que es lo que se pretende trascender.

268

Hay amor a pesar de
los horrores del mundo.

269

El qué, lo-que-es, el amor,
siempre se escapan.

270

Intentar contestar lo que no tiene
respuesta a veces divierte.

271

Si todavía crees ser el hacedor,
no has entendido nada.

272

Para crecer espiritualmente,
ama y deja de creer.

Despertar es trascender el pensamiento. Aceptar no saber, es amar.

Sin amor, no hay asombro.

Amar es la ausencia de temor, de conflicto, de búsqueda, en fin, es la trascendencia del ego.

276

Amar es un sentimiento de hermandad con todo lo existente, con el universo.

277

Amar es trascender nuestro mundo particular, hasta llegar a abrazar, como decía Einstein, todas las criaturas vivientes y a toda la naturaleza.

278

Amar, decía Aristóteles,
es alegrarse.

279

Para Spinoza, el amor es una alegría y Comte-Sponville agrega: Toda alegría, todo goce es amor.

280

Expresa tu amor, no desperdicies ninguna oportunidad.

281

Existes porque la vida te ama, ¿la amas tú?

282

Ama para vivir mejor.

283

Despierta para vivir feliz.

284

Toda sabiduría es de alegría; toda alegría es alegría de amar.
Comte-Sponville

285

Si no conocemos las respuestas últimas, forzoso es aceptar nuestra ignorancia radical.

286

Nadie sabe qué es la vida ni el amor, por eso no hay sabios.

287

Sólo desde la ignorancia y el amor hay capacidad de asombro.

288

No saber sucede, igual que la felicidad y el amor, no puedes buscarlos.

289

Vivir desde la ignorancia y desde el amor es infrecuente, casi todos creemos saber algo y creemos amar.

290

Sin ignorancia no hay vida espiritual ni amor.

291

No basta con creer que no sabes, se requiere vivir desde la ignorancia y desde el amor.

292

No saber señala el camino del vivir en vilo, con amor.

293

Si crees saber qué es el amor, no amas.

294

Para amar hay que aceptar ser
vulnerable.

295

Para amar tienes que ser amigo
de la muerte.

296

Amar es amar todas las cosas.

297

Para amar, vivir sin ego, vivir desde la ignorancia radical.

298

Amar es ser uno con el todo.

299

Amar es vivir a plenitud.

300

¿Quieres saber qué es el amor?
Trasciende el ego.

301

Siendo uno con el todo
¡cómo no sentir amor!

302

Bueno es, según Comte-
Sponville, todo lo que agrada o
parece que debe agradar. Y el
amor agrada, digo yo.

303

Todo lo que da gozo es bueno, decía Baruch Spinoza.

304

La unidad que se revela del despertar de la conciencia, nos beneficia a todos. El vernos separados conduce a diferencias y conflictos.

305

Amar es absurdo: desaparece la persona.

306

...escribimos sobre el amor y creemos en lo que decimos y nos sentimos en su reino, y la verdad es otra, la verdad simple y llana es que vivimos encerrados en nuestro yo.
Rafael Cadenas

307

En el espejo donde miras /
no hay nadie.
Rafael Cadenas

308

Rafael Cadenas sabe lo inconmensurable, lo extraño y sagrado –y por tanto inefable– que es la existencia. "Existe" y eso le basta.

309

La vida te ama, ¡compréndelo!

310

La vida está a favor del amor que busca manifestarse, prevalecer y desarrollarse.

311

Hablas del amor como si estuvieras fuera de él, ¿ves lo absurdo?

312

¡Puedes amar en este instante!
¿No es asombroso?

313

Estamos programados
para amar.

314

Ama lo mejor que puedas.

315

Busca el amor quien no ama.

316

Sin pensamiento hay amor.

317

Las palabras pueden ser manifestación de amor.

318

Amar al igual que vivir tiene riesgos.

319

Para Facundo Cabral la vida es una fiesta. Nietzsche la concibió como obra de arte.

320

Nadie ama, pero el amor existe.

321

Para Osho, si puedes amar cualquier situación, estás en un estado de meditación.

322

Sin saber que es, algo sabemos sobre el amor.

323

Se ama sin ego.

324

Despertar al amor es la realización personal.

325

Podemos conjeturar muchas cosas sobre el amor, pero al final no se sabe.

326

Siendo amor ¡cómo no sentir gozo!

327

Regresa a tu propio origen
y serás feliz.
Ramana Maharshi

328

La totalidad de la vida se
manifiesta cuando hay amor.

329

El amor es demasiado milagro.

330

Amar es demasiado bello
y maravilloso.

331

El amor es nuestra esencia,
aunque el pensamiento lo niegue.

332

Amar es demasiado misterio.

333

Dile sí al amor sin condiciones.

334

La alegría y la felicidad están en el amor.

335

Sin saber surge el amor.

336

Amar nos señala el camino para vivir plenamente.

337

Amar es demasiado bueno.

338

Amar es estar a tono con la vida.

339

El amor libera y esclaviza. Es demasiado.

340

El amor está más allá de la vida y de la muerte.

341

Amar es demasiado asombro.

342

Amar, corta los lazos con lo conocido.

343

Amar es demasiada perplejidad.

344

Por no ser de la mente, el amor es eterno.

345

El amor surge de la totalidad de la vida, con su crueldad y estupidez.

346

Del amor surge la alegría de ser.

347

Amar es despertar del sueño del ego.

348

¡Quédate tranquilo, deja de buscar, ama!

349

Si amas eres feliz.

350

Recuperemos la capacidad de amar el misterio de la vida.

351

Amar es vivir despierto.

352

Amar es tan natural como
respirar.

El amor es mal interpretado como una emoción, en realidad es un estado de conciencia, una forma de estar en el mundo, una manera de verse a uno mismo y a los demás.

Dr. David R Hawkins

**El amor mora
en el silencio.**

**En el vacío hay
amor.**

**El amor es
encuentro,
es ser uno mismo,
es compartir la
totalidad que
somos.**

**Amar es recrearse
incesantemente,
para admirar la
vida.**

Autores consultados

Este texto tiene influencia de Heráclito, Parménides, Krishnamurti, Laotsé, Buda, Sócrates, Einstein, Ramana Maharshi, Osho, Nisargadatta Maharaj, Ramesh Balsekar, Descartes, Kant, Nietzsche, Wittgenstein, Comte-Sponville, Cioran, Montaigne, Rafael Cadenas, Eckhart Tolle, Jeff Foster, entre otros. Igualmente, tiene aportes filosóficos, literarios y poéticos de mis tertulias con Jesús Enrique Barrios y Florencio Sánchez.

Petición

Querida amiga o amigo lector, agradezco tu comentario, preferiblemente en Amazon, al lado del libro o enviado a mi correo:

rey253@hotmail.com.

Sobre el autor

Reinaldo Rodríguez Anzola ha investigado cuestiones filosóficas, científicas y místicas. Ha sido columnista de los diarios El Nacional y El Impulso en Venezuela. También, doctor en derecho, caminante, montañista, lector, observador, amante y peregrino. Tiene cinco hijos y vive en Caracas.

Otros libros del autor

La vida un misterio
tremendamente hermoso
¡Qué vaina tan buena es vivir!
ISBN:980-12-0853-8 (agotado)
Prólogo de Jorge Portilla

¡DISFRUTA AHORA!
Es más tarde de lo que piensas
–A la luz de la sabiduría
de Einstein y Rafael Cadenas–
amazon.com/dp/b00ds76c04
Papel ISBN: 9781973534631
Prólogo de Jesús Enrique
Barrios
Palabras de Rafael Cadenas

A la luz de la sabiduría
amazon.com/dp/b00Fi7LPFE
Papel ISBN: 9781973452560
Prólogo de Jorge Portilla
Presentación de Rafael Cadenas
Palabras de José pulido

Vivir y nada más
amazon.com/dp/b00gazork8
Papel ISBN: 9781980417392
Prólogo de Jorge Portilla

Razones para ser feliz
¡Cómo lograrlo!
amazon.com/dp/b00h3wyt8w
Prólogo de José Pulido
Papel ISBN: 9781973250449

Tú no existes
amazon.com/dp/b00hwm712o
Prólogo de Bill Quik
Papel ISBN: 9781720010098

Vida y Conciencia
amazon.com/dp/b00i5pbh6i
Papel ISBN: 9781720195986

¿Qué somos?
amazon.com/dp/b00ijb8lus

¿Sabemos algo?
amazon.com/dp/b00ig6fn3E
Papel ISBN: 9781724116376

¿Somos libres?
amazon.com/dp/b00iopsgmc

Lo-Que-Es
amazon.com/dp/B00I5PBH6I

Pensamiento y silencio
amazon.com/dp/b00Lfq7dbw

¡Despiértate!
La vida es una fiesta
o un paseo ¡escoge!
amazon.com/dp/b00muz7yji

Vida y Muerte
amazon.com/dp/b00oijns5s

Reasons to be happy
How to achieve it!
amazon.com/dp/b00ty4kw7e
Inglés / Español
Prologue: José Pulido

Ragioni per essere felici
Come riuscirci!!
amazon.com/dp/B00qnw1r2o
Italiano / español
Palabras de José Pulido:
Reinaldo e la felicità

¿Pretendes ser feliz?
La felicidad en 7 capítulos
amazon.com/dp/b00vghzwr2
Papel ISBN: 9781976948411

A....Z infinito de la vida
amazon.com/dp/b01326y5pe

Vida Plena
amazon.com/dp/b01bpxuy56

Vivir Amar Gozar y Reír
amazon.com/dp/b015wmbeua

Amar ...colma de gozo
amazon.com/dp/b01cwl9m1a

You do not exist
Bilingual English-español
amazon.com/dp/b01abhgk5a

Being happy
English-Deutsch-Italiano-
español
amazon.com/dp/B01B336ox4
Papel ISBN 1549825445

La vida tal como es
amazon.com/dp/B01EOLZTE6

GRÜNDE ZUM GLÜCKLICHSEIN
Wie erreicht man das!
amazon.com/dp/B0169P75ZM
Traducción al alemán:
Herlinda Stockner
Papel ISBN: 9781719954921

¿Sabes Vivir?
amazon.com/dp/B01FLERNMC

Si Dios existiera
amazon.com/dp/B01hc5i9ps
Prólogo de Jorge Portilla
Papel ISBN: 9781977049933

Incertidumbres
amazon.com/dp/B01ICKV9H2

No-Saber
amazon.com/dp/ B01LWZOI20

Espiritualidad
amazon.com/dp/B01N3R0WUM

Verdades
amazon.com/dp/B01NA9HJQC
Papel ISBN: 9781973250449

Asertos y Preguntas
amazon.com/dp/B01N9JT35N

Truths?
¿Verdades?
amazon.com/dp/B01MTGH4PO

Inteligencia
amazon.com/dp/B06XCF815Z

Ser - Presencia
amazon.com/dp/B07283HFST
Papel ISBN 9781521446485
Prólogo de Jorge Portilla
Papel ISBN: 9781521446485

¡Asómbrate!
Somos enigma
amazon.com/dp/B073YM7YN8
Papel ISBN 9781521871447
Prólogo de Jorge Portilla

Ilusión - Presencia
amazon.com/dp/B077PVLRM7
Papel ISBN 9781973369431

DIOS – Habladurías
amazon.com/dp/B06WRRXJVQ
Papel ISBN 9781520599144
Prólogo de Jorge Portilla

Intelligence
amazon.com/dp/B075PKY61Y
Papel ISBN 9781549765605

Realidad - Presencia
amazon.com/dp/B079Z2FXWM
Papel ISBN 1980671346

Rafael Cadenas
amazon.com/dp/B079T1BQ1V
Papel ISBN: 9781718178748
Prólogo de Freddy Castillo
Castellanos

Presencia Ser-Ilusión-Realidad
amazon.com/dp/B07ckl5wjh
Prólogo de Jorge Portilla

Presencia no-dual
amazon.com/dp/B07CZV36Q5
Prólogo de Jorge Portilla
Papel ISBN: 9781723833304

¿Qué somos? ¿Somos libres?
¿Ser polvo sideral no es, además,
poético?
amazon.com/dp/B07JD7FBH4
Papel ISBN: 9781728817163